Découvertes 2
Série jaune

Vokabellernheft

von
Fabienne Blot

Ernst Klett Verlag
Stuttgart · Leipzig

Vorwort
Vokabeln lernen mit dem Vokabellernheft

Dieses Vokabellernheft im Taschenformat soll dich begleiten und dir dabei helfen, den Lernwortschatz von *Découvertes* zu wiederholen. Du kannst dich damit in Pausen oder im Bus auch auf Vokabeltests vorbereiten.
Am besten hast du beim Lernen immer einen Bleistift zur Hand. So kannst du Wörter markieren, die du schwierig oder seltsam findest.
Am Ende einer *Unité* gibt es jeweils einen Übungsteil zum Hineinschreiben. Hier geht es darum, das Gelernte selbst zu ordnen und zu wiederholen. So kannst du die Wörter besser behalten. Manchmal wirst du auch aufgefordert, etwas zu übersetzen. Deine Lösung kannst du nachprüfen: sieh ab Seite 34 nach.
Viele finden solche Wörtchen wie *devant*, *déjà* oder *puis* besonders schwierig. Deshalb solltest du diese „verflixten kleinen Wörter" aufschreiben, d.h. dich mit ihnen beschäftigen.
Manche Wörter kann man sich leichter merken, manche schwerer. Das ist ganz normal. Am Ende einer *Unité* solltest du dich fragen, welche Wörter dir immer wieder Schwierigkeiten machen, sei es beim Behalten oder beim Aussprechen. Schreibe sie auf und wiederhole sie in regelmäßigen Abständen. So kannst du die besonders widerspenstigen Vokabeln in den Griff bekommen. Notiere auch, welche Wörter du schön oder lustig findest!

Bon courage!

Dein *Découvertes*-Team

Unter *www.klett.de* kannst du die Wörter anhören, wenn du den **Code g3ud27** eingibst.

Unité 1 – C'est la rentrée.

> **TIPP**
>
> **Un** oder **une**? Lerne die Nomen immer mit dem Artikel!
> Besonders gut merkst du dir die Artikel, wenn du sie hier in diesem
> Heft farblich markierst, also **une/la** → rot anmalst und **un/le** → blau.

la **rentrée** [laʀɑ̃tʀe]	der Schul(jahres)beginn
un **nom** [ɛ̃nɔ̃]	ein Name
une **liste** [ynlist]	eine Liste
en 5ᵉ [ɑ̃sɛ̃kjɛm]	in der fünften Klasse
la **sixième** [lasizjɛm]	die Sechste, die 6. Klasse
la **5ᵉ (A)**/la **cinquième (A)** [lasɛ̃kjɛm]	die Fünfte, die 5A
la **quatrième** [lakatʀijɛm]	die Vierte, die 4. Klasse
la **troisième** [latʀwazjɛm]	die Dritte, die 3. Klasse
A1 **quel/quelle/quels/quelles** [kɛl]	welcher/welche/welches *(Fragebegleiter)*
savoir [savwaʀ]	wissen
savoir faire qc [savwaʀfɛʀ]	etw. tun können *(wissen, wie etw. geht)*
une **blague** [ynblag]	ein Scherz, ein Streich
vrai/vraie [vʀɛ]	wahr; richtig, echt
avoir l'air [avwaʀlɛʀ]	aussehen
la **colère** [lakɔlɛʀ]	der Zorn, die Wut
bête/bête [bɛt]	dumm
le **même**/la **même** [ləmɛm/lamɛm]	derselbe/dieselbe/dasselbe
connaître qn/qc [kɔnɛtʀ]	jdn./etw. kennen
là-bas [laba]	dort(hin), da(hin)
à côté de [akotedə]	neben
un **nouveau** [ɛ̃nuvo]	ein Neuer
une **nouvelle** [ynnuvɛl]	eine Neue
la **tête** [latɛt]	der Kopf; *hier:* das Gesicht
On y va! [ɔ̃niva]	Gehen wir! / Auf geht's!
en cours [ɑ̃kuʀ]	im Unterricht
sans [sɑ̃]	ohne

	drôle/drôle [dʀol]	lustig
	tout [tu]	alles
	comprendre qc [kɔ̃pʀɑ̃dʀ]	etw. verstehen
A7	la **forme** [lafɔʀm]	die Form
	être en forme [ɛtʀɑ̃fɔʀm]	in Form sein, fit sein
	aller bien [alebjɛ̃]	gut gehen
	possible/possible [pɔsibl]	möglich
	énerver qn [enɛʀve]	jdn. aufregen, jdn. nerven
	Ça m'énerve! [samenɛʀv]	Das regt mich auf!
A8	**je veux dire** [ʒəvødiʀ]	ich will sagen, ich meine
	tu peux [typø]	du kannst
	Je n'ai pas compris. [ʒənepakɔ̃pʀi]	Ich habe nicht verstanden.
B1	**qui** [ki]	der/die/das *(Relativpronomen)*
	que [kə]	den/die/das *(Relativpronomen)*
B2	**quand** [kɑ̃]	wenn, als *(zeitlich)*
	penser à qn [pɑ̃sea]	an jdn. denken
	tout à coup [tutaku]	plötzlich
	une **boulette** [ynbulɛt]	ein Kügelchen
	le **papier** [ləpapje]	das Papier
	un **acteur** [ɛ̃naktœʀ]	ein Schauspieler
	une **actrice** [ynaktʀis]	eine Schauspielerin
	Internet *(m.)* [ɛ̃tɛʀnɛt]	das Internet
	sur Internet [syʀɛ̃tɛʀnɛt]	im Internet
	ce/cet/cette/ces [sə/sɛt/sɛt/se]	dieser/diese/dieses *(Demonstrativbegleiter)*
	timide/timide [timid]	schüchtern
	lui [lɥi]	er *(betont)*
	une **star** [ynstaʀ]	ein Star
	la **poubelle** [lapubɛl]	der Müll-/Abfalleimer
	continuer [kɔ̃tinɥe]	weitermachen; fortfahren
	où [u]	wo *(Relativpronomen)*
	avoir cours [awaʀkuʀ]	Unterricht haben
	un **résultat** [ɛ̃ʀezylta]	ein Ergebnis
	ressembler à qn/qc [ʀəsɑ̃ble]	jdm./etw. ähnlich sein

être né(e) [εtʀəne]	geboren werden/sein
mille [mil]	tausend
en deux mille [ɑ̃dømil]	im Jahr 2000
un **cinéma** [ɛ̃sinema]	ein Kino
une **devinette** [yndəvinεt]	ein Rätsel
décrire qn/qc [dekʀiʀ]	jdn./etw. beschreiben
deviner qc [dəvine]	etw. erraten
un **homme** [ɛ̃nɔm]	ein Mann
une **femme** [ynfam]	eine Frau
un **œil**/des **yeux** [ɛ̃nœj/dezjø]	ein Auge/Augen
marron/marron [maʀɔ̃]	braun
un **cheveu** [ɛ̃ʃ(ə)vø]	ein Haar
des **cheveux** [deʃ(ə)vø]	Haare
blond/blonde [blɔ̃/blɔ̃d]	blond
brun/brune [bʀɛ̃/bʀyn]	braun
roux/rousse [ʀu/ʀus]	rothaarig
présenter qn [pʀezɑ̃te]	jdn. vorstellen

B6

1. Place dans la bonne colonne: (A) ou (B).

un professeur – une actrice – géniale – nouveau –
une bonne copine – content – une dame – un ami – nouvelle –
un Français – petite – grand

A 1 – Julien a l'air ...

B 2 – Julien a l'air de/d'...

_____

_____

_____

3 – Isabelle a l'air ...

4 – Isabelle a l'air de/d'...

_____

_____

_____

C Was für Wörter (welche Wortarten) hast du in die linke bzw. rechte Spalte eingetragen?

Wortart: _____   Wortart: _____

2. Ecris les intrus dans le cercle.
Schreibe die Eindringlinge in den Kreis.

a la rentrée – une liste – la sixième – le cinéma – avoir cours

b le professeur – la maman – le nouveau – le papier – Mme Colin

c la poubelle – la boulette – le copain – la liste – le papier

d blond – roux – brun – long – marron

e un résultat – un homme – une actrice – un cheveu – un œil

Ensuite, écris une ou deux phrases avec tous les intrus.

_____
_____
_____

3. Choisis: *qui – que/qu' – où*.

a C'est le nouveau _____ arrive.

b Le musée _____ j'ai visité est super!

c C'est la ville _____ je vais à l'école.

d L'histoire _____ il raconte est jolie.

e Le chat _____ mange est noir.

f Le lit _____ je dors est trop petit.

g La dame _____ plonge est ma mère.

h La maison _____ je suis est très grande.

i Le pull _____ il aime est trop cher.

j Le soleil _____ brille est très chaud.

Unité 2 – Paris mystérieux

> **TIPP**
> Lieber kurz, dafür aber öfter: **Jeden Tag 10 Minuten** lang Wörter lernen bringt mehr als einmal eine Stunde in der Woche.

mystérieux/mystérieuse [misteʁjø/ misteʁjøz]	geheimnisvoll; seltsam
une **visite** [ynvizit]	ein Besuch, eine Besichtigung
courageux/courageuse [kuʁaʒø/ kuʁaʒøz]	mutig
les **catacombes** *(f.)* [lekatakɔ̃b]	die Katakomben
un **escalier** [ɛ̃nɛskalje]	eine Treppe
un **souterrain** [ɛ̃sutɛʁɛ̃]	ein unterirdischer Gang oder Raum
un **couloir** [ɛ̃kulwaʁ]	ein Gang, ein Flur
l'**empire** *(m.)* [lɑ̃piʁ]	das Reich
la **mort** [lamɔʁ]	der Tod
une **pierre** [ynpjɛʁ]	ein Stein
un **égout** [ɛ̃negu]	ein Abwasserkanal
une **fois** [ynfwa]	einmal
un **voyage** [ɛ̃vwajaʒ]	eine Reise
oublié/oubliée [ublije]	vergessen *(Adj.)*
une **quiche** [ynkiʃ]	eine Quiche *(deftiger Kuchen)*; *hier:* ein Versager, eine Flasche *(ugs.)*

souvent [suvɑ̃]	oft
chatter avec qn [tʃate]	mit jdm. (im Internet) chatten
une **discussion** [yndiskysjɔ̃]	eine Diskussion, eine Unterhaltung, ein Gespräch
voir qc [vwaʀ]	etw. sehen
la **peur** [lapœʀ]	die Angst
avoir peur [avwaʀpœʀ]	Angst haben
un **vampire** [ɛ̃vɑ̃piʀ]	ein Vampir
à propos de qc [apʀɔpodə]	apropos, etw. betreffend
une **souris** [ynsuʀi]	eine Maus
depuis [dəpɥi]	seit
sombre/sombre [sɔ̃bʀ]	dunkel
un **groupe** [ɛ̃gʀup]	eine Gruppe
un **manga** [ɛ̃mɑ̃ga]	ein Manga *(japanischer Comicstil)*
un **guide**/une **guide** [ɛ̃gid/yngid]	ein Führer/eine Führerin
des **milliers** *(m.)* [demilje]	Tausende
un **crâne** [ɛ̃kʀan]	ein Schädel, ein Totenkopf
contre [kɔ̃tʀ]	gegen
des **idées noires** *(f., pl.)* [dezidenwaʀ]	düstere Gedanken
une **sortie** [ynsɔʀti]	ein Ausgang
une **grille** [yngʀij]	eine Gittertür; ein Drahtzaun
fermer qc [fɛʀme]	etw. schließen
fermé/fermée [fɛʀme]	geschlossen, verschlossen
un **moment** [ɛ̃mɔmɑ̃]	ein Moment
à ce moment-là [asəmɔmɑ̃la]	in diesem Augenblick
le **bras** [ləbʀa]	der Arm
Qu'est-ce que tu en penses? [kɛskətyɑ̃pɑ̃s]	Wie denkst du darüber?/ Was hältst du davon?
que [kə]	dass *(Konjunktion)*
trouver que [tʀuve]	finden, dass
penser que [pɑ̃se]	denken, dass
B1 **curieux/curieuse** [kyʀjø/kyʀjøz]	neugierig; merkwürdig

dangereux/dangereuse [dɑ̃ʒRø/dɑ̃ʒRøz]	gefährlich
malheureux/malheureuse [maløRø/maløRøz]	unglücklich
heureux/heureuse [øRø/øRøz]	glücklich
B2 ouvrir qc [uvRiR]	etw. öffnen
seul/seule [sœl]	allein
attendre qn [atɑ̃dR]	auf jdn. warten, jdn. erwarten
quelqu'un [kɛlkœ̃]	jemand
répondre à qn/à qc [Repɔ̃dR]	jdm./auf etw. antworten
sans faire qc [sɑ̃fɛR]	ohne etwas zu tun
perdre qc [pɛRdR]	etw. verlieren
un **dessinateur**/une **dessinatrice** [œ̃desinatœR/yndesinatRis]	ein Zeichner/eine Zeichnerin
descendre [desɑ̃dR]	hinuntergehen; aussteigen
un **dessin** [œ̃desɛ̃]	eine Zeichnung
une **page** [ynpaʒ]	eine Seite
ne ... rien [nə ... Rjɛ̃]	nichts
en **avoir marre** de qn/qc *(fam.)* [ɑ̃navwaRmaR]	von jdm./etw. die Nase voll haben *(ugs.)*
respecter qn/qc [Rɛspɛkte]	jdn./etw. achten
entendre qn/qc [ɑ̃tɑ̃dR]	jdn./etw. hören
appeler qn [aple]	jdn. (an)rufen
monter [mɔ̃te]	hinaufgehen; einsteigen
presque [pRɛsk]	fast, beinahe
une **porte** [ynpɔRt]	eine Tür
la **chance** [laʃɑ̃s]	das Glück; die Chance
expliquer qc (à qn) [ɛksplike]	(jdm.) etw. erklären
un **téléphone** [œ̃telefɔn]	ein Telefon
un **coup de téléphone** [œ̃kudətelefɔn]	ein Telefonanruf
rappeler (qn) [Raple]	(jdn.) wieder anrufen; zurückrufen
plus tard [plytaR]	später

1. Complète au passé composé.

Exemple:
La classe de Julien (*besichtigen*) _____**a visité**_____ les catacombes.

a Le professeur et les élèves (*hinabsteigen*) _____.

b Julien (*wollen*) _____ être seul,

   il (*verlassen*) _____ le groupe.

c Les autres élèves (*warten*) _____
   monsieur Marignan.

d Julien (*treffen*) _____ Vladimir.

e Le dessinateur (*fragen*) _____ à Julien:

   «Tu (*verlieren*) _____ le groupe?»

f Les élèves (*rufen*) _____ Julien,

   mais il (*nicht hören*) _____.

g Finalement, le professeur et les élèves (*wiederfinden*) _____
   _____ Julien.

2. Plus difficile! Présent → Passé composé.

PRESENT	PASSE COMPOSE
Je suis content.	_____
Nous n'avons pas peur.	_____
Tu fais tes devoirs?	_____
Elles mettent la table.	_____
Vous ouvrez la porte?	_____
On prend le train.	_____

Aujourd'hui, il pleut. Et hier, il _____ aussi?

3. Erstelle ein Vokabelnetz zum Sachfeld «les catacombes».

_____

_____ _____

_____ _____

LES CATACOMBES

_____ _____

_____

4. Les adjectifs. Choisis: *-eux, -euse; -eux, -euses*.

a Les deux garçons sont **courag-**

b Je trouve les catacombes **mystéri-**

c Katia a l'air **malheur-** ⟶ -EUX

d Julien, tu es **heur-** … ?

e Les catacombes, c'est **danger-** -EUSE

f Le nouveau est assez **mystéri-**

g Est-ce que les filles sont **courag-**…? -EUSES

h Sa mère est très **curi-**

i Mon chat n'est pas **danger-**

Unité 3 – La vie au collège

> **TIPP**
> Stelle dir die Vokabeln – wann immer es möglich ist –
> **bildlich** vor: z. B. un tableau.

la **vie** [lavi]	das Leben
un **trimestre** [ɛ̃tRimɛstR]	ein Trimester
un **bulletin scolaire** [ɛ̃byltɛ̃skɔlɛR]	ein Schulzeugnis
la **moyenne** [lamwajɛn]	der Durchschnitt (*10 von 20 Punkten im Zeugnis*
chaque [ʃak]	jeder/jede/jedes + *Nomen*
changer [ʃɑ̃ʒe]	wechseln, ändern
changer de salle [ʃɑ̃ʒedəsal]	den Raum wechseln
une **permanence** [ynpɛRmanɑ̃s]	ein Raum für beaufsichtigte Freistunden

une **chaise** [ynʃɛz]	ein Stuhl
un **tableau**/des **tableaux** [ɛ̃tablo/detablo]	eine Tafel
un **surveillant**/une **surveillante** [ɛ̃syRvɛjɑ̃/ynsyRvɛjɑ̃t]	eine Aufsichtsperson
apprendre qc [apRɑ̃dR]	etw. lernen, etw. erfahren
une **leçon** [ynləsɔ̃]	eine Lektion
noter qc [nɔte]	etw. aufschreiben
un **cahier de textes** [ɛ̃kajedətɛkst]	ein Hausaufgabenheft
un **carnet** [ɛ̃kaRnɛ]	ein Heft, ein Notizbuch
un **carnet de correspondance** [ɛ̃kaRnɛdəkɔRɛspɔ̃dɑ̃s]	*ein Notizbuch zum Austausch von Informationen zwischen Eltern und Lehrern*
un **message** [ɛ̃mesaʒ]	eine Mitteilung/Nachricht
A1 **vouloir** [vulwaR]	wollen
pouvoir [puvwaR]	können
A2 une **note** [ynnɔt]	eine Note

sept sur vingt [sɛtsyRvɛ̃]	sieben von zwanzig *(Schulnote: schlechter als der Durchschnitt)*
la **géographie** [laʒeɔgRafi]	die Geografie, die Erdkunde
plutôt [plyto]	eher, vielmehr, ziemlich
un **exposé** [ɛ̃nɛkspoze]	ein Referat
organiser qc [ɔRganize]	etw. organisieren
une **course** [ynkuRs]	ein Lauf, ein Rennen
proposer de faire qc [pRopoze]	vorschlagen, etw. zu tun
un **pays** [ɛ̃pei]	ein Land
pauvre/pauvre [povR]	arm
se retrouver [səRətRuve]	sich treffen
Je veux bien. [ʒəvøbjɛ̃]	(Ich möchte) gerne!
participer à qc [paRtisipe]	an etw. teilnehmen
Ça ne me dit rien! [sanəmediRjɛ̃]	Das sagt mir nicht zu./Ich habe keine Lust darauf.
ben *fam.* [bɛ̃]	nun, …
se passer [səpase]	geschehen, sich ereignen, sich abspielen
A8 **si** [si]	wenn, falls
Si tu veux. [sityvø]	Wenn du willst.
j'aimerais **mieux** … [ʒɛmRɛmjø]	ich würde lieber …
B1 un **sportif** [ɛ̃spɔRtif]	ein Sportler
une **sportive** [ynspɔRtiv]	eine Sportlerin
quelques *(pl.)* [kɛlk(ə)]	einige
une **information** [ynɛ̃fɔRmasjɔ̃]	eine Information
longtemps [lɔ̃tɑ̃]	lange *(Adv.)*
arrêter qc [aRɛte]	etw. anhalten, beenden; mit etw. aufhören
pendant [pɑ̃dɑ̃]	während
une **dispute** [yndispyt]	ein Streit
retourner [RətuRne]	zurückkehren
Vas-y! [vazi]	Los!/Mach schon!/Auf geht's!
avancer [avɑ̃se]	vorankommen
plusieurs *(inv.)* [plyzjœR]	mehrere

ne ... que [nə ... kə]	nur
il n'y a plus que [ilnjaplykə]	es gibt/sind nur noch
une **piste** [ynpist]	eine Piste, ein Pfad, *hier:* eine Bahn
l'**applaudissement** *(m.)* [laplodismã]	der Beifall, der Applaus
crier [kʁije]	schreien
venir [vəniʁ]	kommen

B4

un **article** [ɛ̃naʁtikl]	ein Artikel
féliciter qn [felisite]	jdn. beglückwünschen, jdm. gratulieren
elle [ɛl]	sie *(betont)*
revenir [ʁəvəniʁ]	zurückkommen
prochain/prochaine [pʁɔʃɛ̃/pʁɔʃɛn]	nächster/nächste/nächstes
le **succès** [ləsyksɛ]	ein Erfolg

1. Choisis: *un, une – le, la*.

a   Gilles a eu 10/20: c'est _____ moyenne.

b   Dans la classe, il y a _____ chaise.

c   Le professeur a _____ grand tableau.

d   La sixième A et la sixième B font _____ course.

e   Dans le couloir, j'ai entendu _____ dispute.

f   Ludovic est dans _____ salle de géographie.

g   Fabienne lit _____ message de Romain.

2. Ecris une carte postale en français.

> Hallo, lieber Tim!
> Ich bin in Paris, bei meinem Freund Nathan. Also schreibe ich die Karte auf Französisch!
> Ich gehe mit Nathan aufs Gymnasium. Er lernt sehr viel, weil er immer den Durchschnitt erreichen will! Seine Noten sind sehr gut, und die Eltern gratulieren ihrem Sohn oft.
> Ich möchte lieber schwimmen oder an einem Rennen teilnehmen. Die Hausaufgaben, darauf habe ich keine Lust!
> Bis bald, Fabian

Cher Tim,
_____
_____
_____
_____
_____
_____

3. Choisis entre *quelques* – *plusieurs*.

a J'ai un stylo rouge mais (*mehrere*) _____ stylos bleus.

b Demain je vais au cinéma avec ma sœur et (*einige*) _____ amis.

c Il a mangé (*mehrere*) _____ crêpes: il est malade!

d Tu veux un gâteau ou (*mehrere*) _____ ?

e Ma mère a (*einige*) _____ cheveux blancs.

f Léna est très sympa, elle a (*mehrere*) _____ amis.

Unité 4 – Fou de cuisine!

> **TIPP**
> Einzelne Wörter kannst du dir besonders gut einprägen, wenn du sie einzeln auf **Klebezettel** schreibst und diese dann im Zimmer oder Bad verteilst. So hast du sie immer wieder vor Augen und lernst sie (fast) nebenbei.

fou/fol/folle [fu/fɔl]	verrückt
faire les courses *(f.) (pl.)* [fɛʁlekuʁs]	einkaufen
acheter qc [aʃte]	etw. kaufen
un **fruit** [ɛ̃fʁɥi]	eine Frucht
un **légume** [ɛ̃legym]	ein Gemüse
faire la cuisine [fɛʁlakɥizin]	kochen, Essen zubereiten
difficile [difisil]	schwierig
une **tomate** [yntɔmat]	eine Tomate
une **pomme de terre** [ynpɔmdətɛʁ]	eine Kartoffel
un **citron** [ɛ̃sitʁɔ̃]	eine Zitrone
une **salade** [ynsalad]	ein Salat
le **lait** [ləlɛ]	die Milch
la **viande** [lavjɑ̃d]	das Fleisch
un **œuf**/des **œufs** [ɛ̃nœf/dezø]	ein Ei/Eier
le **yaourt** [ləjauʁt]	der Joghurt
le **sucre** [ləsykʁ]	der Zucker
la **farine** [lafaʁin]	das Mehl
un **supermarché** [ɛ̃sypɛʁmaʁʃe]	ein Supermarkt
un **plat** [ɛ̃pla]	ein Gericht, ein Gang *(beim Essen)*
le **petit-déjeuner** [ləp(ə)tideʒœne]	das Frühstück
un **collègue** [ɛ̃kɔlɛg]	ein Kollege
une **collègue** [ynkɔlɛg]	eine Kollegin
Qu'est-que vous en pensez? [kɛskəvuzɑ̃pɑ̃se]	Wie denkt ihr darüber?
un **steak-frites** [ɛ̃stɛkfʁit]	ein Steak mit Pommes frites

une **entrée** [ynɑ̃tʀe]	*hier:* eine Vorspeise
l'**huile** *(f.)* [lɥil]	das Öl
une **olive** [ynɔliv]	eine Olive
un **saucisson** [ɛ̃sosisɔ̃]	eine Salami
une **moule** [ynmul]	eine Miesmuschel
il **faut** qc [ilfo]	man braucht etw.
un **dessert** [ɛ̃desɛʀ]	ein Nachtisch
le **chocolat** [ləʃɔkɔla]	die Schokolade, der Kakao.
la **lune** [lalyn]	der Mond

A2
il **faut faire** qc [ilfofɛʀ]	man muss etw. tun
C'est à qui? [sɛtaki]	Wer ist an der Reihe?
un **kilo** [ɛ̃kilo]	ein Kilo
un **doigt** [ɛ̃dwa]	ein Finger
un **rince-doigts** [ɛ̃ʀɛ̃sdwa]	eine Wasserschale *(zum Reinigen der Finger beim Essen)*
un **litre** [ɛ̃litʀ]	ein Liter
facile/facile [fasil]	leicht
une **boisson** [ynbwasɔ̃]	ein Getränk
une **bouteille** [ynbutɛj]	eine Flasche
gratuit/gratuite [gʀatɥi/gʀatɥit]	kostenlos, gratis
boire qc [bwaʀ]	etw. trinken
un **jus de fruit** [ɛ̃ʒydfʀɥi]	ein Fruchtsaft
aller chercher qc [aleʃɛʀʃe]	etw. (ab)holen
payer qc [peje]	etw. bezahlen
Combien est-ce qu'il en faut? [kɔ̃bjɛ̃eskilɑ̃fo]	Wie viel brauchen wir davon?
un **gramme** [ɛ̃gʀam]	ein Gramm
mettre la table [mɛtʀlatabl]	den Tisch decken
une **assiette** [ynasjɛt]	ein Teller
une **fourchette** [ynfuʀʃɛt]	eine Gabel
un **couteau** [ɛ̃kuto]	ein Messer
une **cuillère** [ynkɥijɛʀ]	ein Löffel
un **verre** [ɛ̃vɛʀ]	ein Glas
une **serviette** [ynsɛʀvjɛt]	eine Serviette

le **pain** [ləpɛ̃]	das Brot
B2 un **invité**/une **invitée** [ɛ̃nɛ̃vite/ynɛ̃vite]	ein Gast
espérer [ɛspeʀe]	hoffen
sûr/sûre [syʀ]	sicher
le **beurre** [ləbœʀ]	die Butter
le **silence** [ləsilɑ̃s]	die Ruhe, die Stille
concentré/concentrée [kɔ̃sɑ̃tʀe]	konzentriert
ne … jamais [nə … ʒamɛ]	nie, niemals
ne … pas encore [nə … pazɑ̃kɔʀ]	noch nicht
préférer qc [pʀefeʀe]	etw. vorziehen, lieber mögen
avoir le temps de faire qc [avwaʀlətɑ̃]	Zeit haben, etw. zu tun
grave/grave [gʀav]	schlimm
goûter qc [gute]	etw. probieren
rigoler *(fam.)* [ʀigɔle]	lachen
le **plat principal** [ləplapʀɛ̃sipal]	das Hauptgericht
le **fromage** [ləfʀɔmaʒ]	der Käse
passer qc à qn [pase]	jdm. etw. reichen, jdm. etw. (weiter)geben
reprendre qc [ʀəpʀɑ̃dʀ]	*hier:* von etw. noch einmal, noch mehr nehmen
le **plat préféré** [ləplapʀefeʀe]	das Lieblingsessen
une **tasse** [yntas]	eine Tasse
le **café** [ləkafe]	der Kaffee

1. **Corrige le menu** (die Speisekarte)!

Menu
Fromage
**
Moules-Frites
**
Café
**
Crêpe
**
Saucisson + beurre

? ? ?

Le saucisson + beurre , c'est l'_____ .

Les moules-frites, c'est le _____ principal.

La crêpe, c'est le _____ .

Et toi, tu préfères le fromage ou les crêpes?

Je _____ !

C'est quoi, ton plat préféré? Mon _____.

2. **Choisis: *kilo(s), litre(s), gramme(s).***

a Pour faire des crêpes, il faut un _____ de lait.

b 600 _____ + 400 grammes, ça fait

un _____ .

c Deux _____ de pommes coûtent 6 euros.

d Quatre _____ de moules, c'est assez pour cinq personnes?

e Pour faire un gâteau, il faut cent _____ de beurre.

f En dix ans, elle n'a pas pris un _____ !

g Mon frère boit deux _____ de coca par jour.

h Deux _____ moins 500 _____,

ça fait un _____ et demi.

3. Barre les intrus. (Streiche … durch.)

a un couteau – une cuillère – la table – le crayon – le verre – la serviette
b les moules – le pain – le café – le saucisson – la salade – le fromage
c le lait – le beurre – la farine – la viande – le sucre – des œufs
d le chocolat – la boisson – le rince-doigts – le lait – le café – le jus de fruit

Unité 5 – Une semaine à Arcachon

> **TIPP**
> „Schwierige" Wörter kannst du besser behalten, wenn du sie beim Lernen **mehrmals unterschiedlich** aussprichst: laut und leise, langsam und schnell, mit tiefer oder hoher Stimme, rhythmisch …

Arcachon [aRkaʃɔ̃]	*Stadt an der Atlantikküste in Südwestfrankreich*
le **printemps** [ləpRɛ̃tɑ̃]	der Frühling
au bord de qc [obɔRdə]	am Rande, am Ufer von etw.
la **mer** [lamɛR]	das Meer
le **sud-ouest** [ləsydwɛst]	der Südwesten

une **plage** [ynplaʒ]	ein Strand
une **dune** [yndyn]	eine Düne
la **dune du Pilat** [ladyndypila]	die Düne von Pilat
la **Normandie** [lanɔʀmãdi]	die Normandie *(Region im Norden Frankreichs)*
un **hôtel** [ɛ̃nɔtɛl]	ein Hotel
un **gîte** [ɛ̃ʒit]	ein Ferienhaus
intéresser qn [ɛ̃teʀese]	jdn. interessieren
un **bateau**/des **bateaux** [ɛ̃bato/debato]	ein Boot, ein Schiff
un **phare** [ɛ̃faʀ]	ein Leuchtturm
un **skimboard** [ɛ̃skimbɔʀd]	ein Skimboard *(ähnelt einem kleinen Surfbrett)*
le **départ** [lədepaʀ]	die Abfahrt, der Aufbruch
une **valise** [ynvaliz]	ein Koffer
En voiture! [ãvwatyʀ]	Einsteigen!
une **autoroute** [ynotoʀut]	eine Autobahn
le **péage** [ləpeaʒ]	die Mautstelle
un **bouchon** [ɛ̃buʃɔ̃]	ein Korken; *hier:* ein Verkehrsstau
normal/normale [nɔʀmal]	normal
envoyer qc à qn [ãvwaje]	jdm. etw. schicken
un **MMS** [ɛ̃emɛmɛs]	eine MMS *(eine Bildnachricht)*
un **baladeur mp3** [ɛ̃baladœʀɛmpetʀwa]	ein MP3-Player
la **radio** [laʀadjo]	das Radio
plaire à qn [plɛʀ]	jdm. gefallen
une **aire de repos** [ynɛʀdəʀəpo]	ein Rastplatz
une **pause** [ynpoz]	eine Pause
un **sandwich** [ɛ̃sãdwi(t)ʃ]	ein Sandwich
un **arbre** [ɛ̃naʀbʀ]	ein Baum
le **soleil** [ləsɔlɛj]	die Sonne
laisser qc [lese]	etw. (zurück)lassen
une **erreur** [ynɛʀœʀ]	ein Irrtum

	un **animal**/des **animaux** [ɛ̃nanimal/ dezanimo]	ein Tier/Tiere
A7	**Pile ou face?** [pilufas]	Kopf oder Zahl?
	un **canapé** [ɛ̃kanape]	ein Sofa
	une **fenêtre** [ynfənɛtʀ]	ein Fenster
	donner sur qc [dɔnesyʀ]	zu etw. hin liegen, gehen
	un **jardin** [ɛ̃ʒaʀdɛ̃]	ein Garten
	si [si]	ob
	dire qc (à qn) [diʀ]	(jdm.) etw. sagen
	jouer à qc [ʒwea]	etw. (ein Spiel) spielen
	juste/juste [ʒyst]	gerecht; richtig
	Bordeaux [bɔʀdo]	*Stadt in Südwestfrankreich*
B1	une **saison** [ynsɛzɔ̃]	eine Jahreszeit
	nager [naʒe]	schwimmen
	une **vague** [ynvag]	eine Welle
	un **ballon** [ɛ̃balɔ̃]	ein Ball
	essayer qc [eseje]	etw. versuchen, ausprobieren; anprobieren
	lancer qc [lɑ̃se]	etw. werfen
	dessus [d(ə)sy]	darauf
	le **sable** [ləsabl]	der Sand
	debout [d(ə)bu]	stehend, im Stehen
	emporter qc [ɑ̃pɔʀte]	etw. mitnehmen, wegtragen
	une **jambe** [ynʒɑ̃b]	das Bein
	le **dos** [lədo]	der Rücken
	tout de suite [tudsɥit]	sofort
	une **région** [ynʀeʒjɔ̃]	eine Region, eine Gegend
	un **drapeau** [ɛ̃dʀapo]	eine Fahne, eine Flagge
	une **glace** [ynglas]	ein Eis
	une **huître** [ynɥitʀ]	eine Auster
	l'**hiver** *(m.)* [livɛʀ]	der Winter
	l'**été** *(m.)* [lete]	der Sommer
	l'**automne** *(m.)* [lotɔn]	der Herbst

5

1. Choisis les bons articles en français: *le/un* ou *la/une*.

gîte – jambe – ballon – valise – péage – erreur – glace – départ – drapeau – fenêtre – bateau – soleil – radio

LE / L' / UN	LA / L' / UNE

2. Complète le texte.

Les quatre _____. _____ printemps, il y a des fleurs de toutes les couleurs. _____ _____, le soleil est très chaud à midi. On peut _____ dans la mer. _____ automne, il fait souvent _____ et il _____ . _____ hiver, il _____ souvent: tout est blanc, c'est super!

Quelle est ta saison préférée, et pourquoi?

_____

_____

_____

_____

_____

3. Reconnais et classe les nasales: [ɛ̃] – [ɔ̃] – [ɑ̃] – (ohne Nasal).
Unterstreiche den Nasal im Wort. Achtung! Einige Wörter enthalten mehrere (auch unterschiedliche) Nasale.

Arcachon – un – (la) jambe – emporter – (il est) content –
(ils) parlent – (l')automne – (un) sandwich – envoyer –
(le) printemps – intérieur – (une) région – (la) Normandie –
(un) ballon – (le) skimboard – (une) saison – lancer – donner –
(un) bouchon – (un) jardin

[ɛ̃]	[ɔ̃]	[ɑ̃]	[ ]
	Arcach**on**		

Unité 6 – Notre journal

> **TIPP**
> Notiere dir Wörter und Ausdrücke, die du dir auch nach einigem Üben nicht gut merken kannst, auf einem **Extra-Blatt** und wähle jeden Tag drei Wörter aus, die du mehrfach liest und schreibst.

une **équipe** [ynekip] eine Mannschaft, ein Team
voici [vwasi] hier ist
une **édition** [ynedisjɔ̃] eine Ausgabe
spécial/spéciale [spesjal] speziell, Spezial-, Sonder-

les **médias** *(m., pl.)* [lemedja]	die Medien
un **coin** [ɛ̃kwɛ̃]	eine Ecke, *hier:* eine Rubrik
nouveau/nouvel/nouvelle [nuvo/nuvɛl/nuvɛl]	neu
un **style** [ɛ̃stil]	ein Stil
préféré/préférée [pʀefeʀe]	bevorzugt, Lieblings-
un **festival** [ɛ̃fɛstival]	ein Festival
court/courte [kuʀ/kuʀt]	kurz
un **sujet** [ɛ̃syʒɛ]	ein Thema
le **courage** [ləkuʀaʒ]	der Mut
un **rédacteur** [ɛ̃ʀedaktœʀ]	ein Redakteur
une **rédactrice** [ynʀedaktʀis]	eine Redakteurin

Station 1: Le coin Internet

un **site** [ɛ̃sit]	eine Website
un **jeune**/une **jeune** [ɛ̃ʒœn/ynʒœn]	ein Jugendlicher, eine Jugendliche
utiliser qc [ytilize]	etw. benutzen, etw. verwenden
le **net** [lənɛt]	das Netz (Abkürzung für *Internet*)
un **avis** [ɛ̃navi]	eine Meinung
surfer [sœʀfe]	surfen; *hier:* im Internet surfen
un **blog** [ɛ̃blɔg]	ein Blog *(ein Tagebuch im Internet)*
le **contact** [ləkɔ̃takt]	der Kontakt
un **portable** [ɛ̃pɔʀtabl]	*hier:* ein Laptop
le **droit** [lədʀwa]	das Recht
avoir le droit de faire qc [avwaʀlədʀwa]	das Recht haben, etw. zu tun
parfois [paʀfwa]	manchmal
une **invitation** [ynɛ̃vitasjɔ̃]	eine Einladung
important/importante [ɛ̃pɔʀtɑ̃/ɛ̃pɔʀtɑ̃t]	wichtig
sortir [sɔʀtiʀ]	hinausgehen; *hier:* ausgehen

la **réalité** [laʀealite]	die Wirklichkeit
passer son temps à faire qc [pasesɔ̃tɑ̃]	seine Zeit damit verbringen, etw. zu tun
c'est pourquoi [sɛpuʀkwa]	deshalb
dormir [dɔʀmiʀ]	schlafen
partir [paʀtiʀ]	weggehen, abfahren

Station 2: Le coin musique

une **mélodie** [ynmelɔdi]	eine Melodie
imaginer qc [imaʒine]	sich etw. vorstellen
c'est pourquoi [sɛpuʀkwa]	deshalb
différent/différente [difeʀɑ̃/difeʀɑ̃t]	anderer, andere
une **fiche** [ynfiʃ]	ein Blatt (Papier)
un **jeune** [œ̃ʒœn]	ein Jugendlicher
une **jeune** [ynʒœn]	eine Jugendliche
un **prénom** [œ̃pʀenɔ̃]	ein Vorname
la **naissance** [lanɛsɑ̃s]	die Geburt
un **métier** [œ̃metje]	ein Beruf
un **instrument** [œ̃nɛ̃stʀymɑ̃]	ein Instrument
le **violon** [ləvjɔlɔ̃]	die Violine
la **batterie** [labatʀi]	das Schlagzeug
l'**harmonica** *(m.)* [laʀmɔnika]	die Mundharmonika
un **album** [œ̃nalbɔm]	ein Album; *hier:* ein Musikalbum, eine CD
jouer de qc [ʒwedə]	etw. spielen *(Instrument)*
beau/bel/belle [bo/bɛl/bɛl]	schön
la **voix** [lavwa]	die Stimme
le **rythme** [ləʀitm]	der Rhythmus
l'**argent** *(m.)* [laʀʒɑ̃]	das Geld
gagner de l'argent [ɡaɲedəlaʀʒɑ̃]	Geld verdienen
l'**amour** *(m.)* [lamuʀ]	die Liebe
la **joie** [laʒwa]	die Freude
vieux/vieil/vieille [vjø/vjɛj/vjɛj]	alt
connu/connue [kɔny]	bekannt

un **saxophone** [ləsaksɔfɔn]	ein Saxophon
la **musique pop** [lamyzikpɔp]	die Popmusik

Station 3: Le coin BD

résumer qc [Rezyme]	etw. zusammenfassen
c'est mon tour [sɛmɔ̃tuR]	ich bin dran, ich bin an der Reihe
différent/différente [diferɑ̃/diferɑ̃t]	anders
car [kaR]	denn
un **projet** [ɛ̃pRɔʒɛ]	ein Projekt
un **atelier** [ɛ̃natəlje]	eine Werkstatt, *hier:* ein Workshop
simple/simple [sɛ̃pl]	einfach
un **facteur**/une **factrice** [ɛ̃faktœR/ynfaktRis]	ein Briefträger/eine Briefträgerin
devoir faire qc [dəvwaRfɛR]	etw. tun müssen
apporter qc à qn [apɔRte]	jdm. etw. (mit)bringen
une **lettre** [ynlɛtR]	ein Brief
au début [odeby]	am Anfang
recevoir qc [RəsəvwaR]	etw. empfangen, etw. bekommen
un **prix** [ɛ̃pRi]	ein Preis
Angoulême [ɑ̃gulɛm]	*Stadt in Westfrankreich*
belge/belge [bɛlʒ]	belgisch
la **réalité** [laRealite]	die Wirklichkeit
la **Belgique** [labɛlʒik]	Belgien
les **Schtroumpfs** [leʃtRumf]	die Schlümpfe
la **mode** [lamɔd]	die Mode
à la mode [alamɔd]	modern, „in"
le **Canada** [ləkanada]	Kanada

Station 4: Le coin cinéma

au maximum [omaksimɔm]	höchstens
avoir lieu [avwaRljø]	stattfinden
une **image** [ynimaʒ]	ein Bild

le **sourire** [ləsuʀiʀ]	das Lächeln
original/originale [ɔʀiʒinal]	originell
quotidien/quotidienne [kɔtidjɛ̃/kɔtidjɛn]	täglich
l'**humour** *(m.)* [lymuʀ]	der Humor
une **série télévisée** [ynseʀitelevize]	eine Fernsehserie
un **dessin animé** [ɛ̃desɛ̃anime]	ein Zeichentrickfilm
une **comédie** [ynkɔmedi]	eine Komödie
un **film d'horreur** [ɛ̃filmdɔʀœʀ]	ein Horrorfilm
un **film policier** [ɛ̃filmpɔlisje]	ein Kriminalfilm, ein Krimi
passer [pase]	*hier:* laufen, spielen
se dérouler [sədeʀule]	sich abspielen
le **suspense** [ləsyspɛns]	die Spannung *(Film, Roman)*
une **scène** [ynsɛn]	eine Szene

1. **Choisis la bonne forme de l'adjectif:**

   v = vieux / vieil / vieille(s); b = beau(x) / bel / belle(s);
   n = nouveau(x) / nouvel,le(s)

   a un v_____ facteur

   b les b_____ dames

   c une n_____

   d un v_____ arbre

   e des n_____ films

   f une v_____ comédie

   g une b_____ image

   h un n_____ automne

   i un b_____ homme

   j une v_____ série télévisée

k Sa mère est très b_____.

l Ton portable est déjà v_____.

2. Les intrus. Emprisonne les intrus dans le cube!
(Sperre die Eindringlinge in den Würfel ein.)

A la BD – les Schtroumpfs – un film – Angoulême – une image
B un instrument – un violon – une guitare – un sourire – un projet – un saxophone
C un portable – un facteur – un contact – un site – surfer – le net
D l'amour – connu – la joie – vieux – beau – l'argent

INTRUS →

Maintenant fais **une ou deux phrases** avec les mots intrus.

_____

_____

3. Conjugue au présent.

dormir		**devoir**	
je	_____	elle	_____
nous	_____	vous	_____
elles	_____	ils	_____

4. Traduis en français.

Du bist dran.

___

Denn ich musste Violine spielen.

___

Deshalb findet die Feier nicht statt.

___

Unité 7 – On peut toujours rêver!

> **TIPP**
> Wenn du neue Verben lernst, bilde immer auch die Formen mit **je**, **nous** und **ils**. Vergiss auch nicht, die **Ergänzung** mitzulernen, z. B. réussir **à** faire qc.

rêver (de qc) [ʀeve]	(von etw.) träumen
l' **art** *(m.)* [laʀ]	die Kunst
le **cirque** [ləsiʀk]	der Zirkus
les **arts du cirque** *(m.)* [lezaʀdysiʀk]	die Zirkuskünste
le **parachutisme** [ləpaʀaʃytism]	das Fallschirmspringen
le **saut à l'élastique** [ləsoalelastik]	das Bungee-Jumping
A1 **Vincennes** [vɛ̃sɛn]	Stadt im Südosten von Paris
choisir qc [ʃwaziʀ]	etw. wählen, etw. aussuchen
un **trampoline** [tʀɑ̃pɔlin]	ein Trampolin
finir [finiʀ]	etw. beenden
un **parcours** [pɛ̃paʀkuʀ]	ein Parcours, eine Runde; ein Durchgang
réussir à faire qc [ʀeysiʀ]	gelingen etw. zu tun, etw. fertigbringen
le **monde** [ləmɔ̃d]	die Welt
beaucoup de monde [bokudəmɔ̃d]	viele Leute

un **clown** [ɛ̃klun]	ein Clown
l'**équilibre** *(m.)* [lekilibʀ]	das Gleichgewicht
sauter [sote]	springen
une **corde** [ynkɔʀd]	ein Seil; eine Leine; *hier:* ein Band
mou/mol/molle [mu/mɔl]	weich
la **corde molle** [lakɔʀdmɔl]	die Slackline
Qu'est-ce qui se passe? [kɛskispas]	Was ist los?
à propos [apʀɔpo]	übrigens
sonner [sɔne]	klingeln
il nous faut [ilnufo]	wir brauchen etw.
une **solution** [ynsɔlysjɔ̃]	eine Lösung
un **club** [ɛ̃klœb]	ein Klub, ein Verein
réfléchir [ʀefleʃiʀ]	nachdenken, überlegen
une **balle** [ynbal]	ein (kleiner) Ball
jongler [ʒɔ̃gle]	jonglieren
De rien. [dəʀjɛ̃]	Keine Ursache.
sérieux/sérieuse [seʀjø/seʀjøz]	ernst(haft), seriös
Ne t'en fais pas. *(fam.)* [nətɑ̃fɛpa]	Mach' dir nichts draus.
une **phrase** [ynfʀaz]	ein Satz
bouger [buʒe]	sich bewegen
B3 **plein/pleine** (de qc) [plɛ̃/plɛn]	voll (mit etw.)
fini/finie [fini]	beendet, zu Ende
l'**herbe** *(f.)* [lɛʀb]	das Gras
tout/toute [tu/tut]	ganz *(+ Nomen)*
tous/toutes [tu/tut]	alle *(+ Nomen)*
tous les deux/toutes les deux [tuledø/tutledø]	(alle) beide
snif [snif]	schnief, schluchz
l'**escrime** *(f.)* [lɛskʀim]	das Fechten
le **tirage au sort** [lətiʀaʒosɔʀ]	die Verlosung
un **cheval**/des **chevaux** [ɛ̃ʃəval/deʃəvo]	ein Pferd/Pferde

seulement [sœlmɑ̃]	nur
la **campagne** [lakɑ̃paɲ]	das Land
un **biologiste** [ɛ̃bjɔlɔʒist]	ein Biologe
une **biologiste** [ynbjɔlɔʒist]	eine Biologin
plus (de) [plys]	mehr + *Nomen*
l'**argent** *(m.)* **de poche** [laʁʒɑ̃dəpɔʃ]	das Taschengeld
un **voisin** [ɛ̃vwazɛ̃]	ein Nachbar
une **voisine** [ynvwazin]	eine Nachbarin
un **argument** [ɛ̃naʁgymɑ̃]	ein Argument
assez (de) [ase]	genug, genügend (von)
une **raison** [ynʁɛzɔ̃]	ein Grund
à mon avis [amɔnavi]	meiner Meinung nach
Je suis de ton avis. [ʒəsɥidətɔnavi]	Ich bin deiner Meinung.
une **annonce** [ynanɔ̃s]	eine Anzeige, eine Annonce

1. Traduis du français en allemand.

a Ludovic veut faire de l'escrime.

_____

b Nos chevaux sont chez un voisin, à la campagne.

_____

c Ne t'en fais pas, je suis de ton avis!

_____

d J'ai réussi une très bonne crêpe.

_____

2. Mélange de lettres. Buchstaben-Mischmasch.
Trouve «les activités» cachées (versteckt).

RAMCHAUPISTE	**le**	_____
MORCODELLE	**la**	_____
PRIMATELON	**le**	_____

KAROPUR	_le_	_____
L'ATTAQUAUSAILEE	_le_	____ __ ___ _____
QUERCI	_le_	_____
EMERSIC	_l'_	_____
NORJELG	_____	_____

3. Traduis de l'allemand en français.

a Wir brauchen eine ernstzunehmende Lösung.

_____

b Habt ihr es geschafft, Trampolin zu springen?

_____

c Mein Traum ist es, Fallschirmsport zu treiben.

_____

d Ist dir dein Filmprojekt gelungen?

_____

SOLUTIONS

Unité 1 – C'est la rentrée.

1. **Place dans la bonne colonne.**

   A 1 nouveau- content - grand 3 géniale - nouvelle- petite
   B 2 un professeur – un ami – un Français 4 une actrice – une bonne copine – une dame
   C **links**: Adjektive **rechts**: Substantive/Nomen

2. **Les intrus.**

   a le cinéma; **b** le papier; **c** le copain; **d** long; **e** une actrice
   Exemple: Mon copain va au cinéma avec un <u>long papier: il décrit les actrices!</u>

3. **Choisis: *qui – que/qu' – où*.**

   a qui **b** que **c** où **d** qu' **e** qui **f** où **g** qui **h** où **i** qu' **j** qui

Unité 2 – Paris mystérieux

1. **Complète au passé composé.**

   a sont descendus; **b** a voulu – a quitté; **c** ont attendu;
   d a rencontré; **e** a demandé – as perdu;
   f ont appelé – n'a pas entendu; **g** ont retrouvé

2. **Présent → Passé composé.**

   j'ai été; nous n'avons pas eu; tu as fait; elles ont mis; vous avez ouvert; on a pris; (il) a plu

3. Vokabelnetz zum Sachfeld «les catacombes».

Lösungsvorschlag: les escaliers, le souterrain, la grille, la mort, les crânes, les vampires, le guide, avoir peur, descendre, visiter

4. Les adjectifs. Choisis: *-eux, -euse; -eux, -euses.*

EUX = a d e f i   EUSE = c h   EUSES = b g

Unité 3 – La vie au collège

1. Choisis: *un, une – le, la.*

a la; **b** une **c** un; **d** une (ou: la); **e** une; **f** la; **g** le (ou: un)

2. Ecris une carte postale en français.

> Cher Tim,
> Je suis à Paris, chez mon ami/copain Nathan. Alors j'écris la carte en français!
> Je vais au collège avec Nathan. Il apprend beaucoup parce qu'il veut toujours avoir la moyenne! Ses notes sont très bonnes, et ses parents félicitent souvent leur fils.
> Moi je préfère nager ou participer à une course.
> Les devoirs, ça ne me dit rien!
> A bientôt,
> Fabian

3. Choisis entre *quelques – plusieurs.*

a plusieurs **b** quelques **c** plusieurs **d** plusieurs **e** quelques
f plusieurs

Unité 4 – Fou de cuisine!

1. Corrige le menu.

MENU = Saucisson + beurre – Moules-Frites – Fromage – Crêpe – Café // entrée – plat – dessert //
Je préfère . Mon plat préféré, c'est …

2. Choisis: *kilo(s), litre(s), gramme(s).*

a litre **b** grammes, kilo **c** kilos **d** litres **e** grammes **f** gramme (/kilo) **g** litres **h** kilos, grammes, kilo

3. Barre les intrus.

a le crayon **b** le café **c** la viande **d** le rince-doigts

Unité 5 – Une semaine à Arcachon

1. Choisis les bons articles.

le/un: gîte – départ – ballon – péage – drapeau – bateau – soleil
la/une: valise – glace – jambe – fenêtre – erreur – radio

2. Complète le texte.

saisons – Au – En – été – nager – En – froid – pleut – En – neige //
Ma saison préférée est le printemps / **l'été** / l'automne / l'hiver parce que …
(exemple:) … j'aime faire du skimboard et jouer au ballon sur la plage.

3. Les nasales.

- [ɛ̃] <u>un</u> – pr<u>in</u>temps – jard<u>in</u> – <u>in</u>térieur
- [ɔ̃] c<u>on</u>tent – régi<u>on</u> – ball<u>on</u> – sais<u>on</u> – bouch<u>on</u>
- [ã] c<u>on</u>tent – <u>em</u>porter – s<u>an</u>dwich – <u>en</u>voyer – print<u>em</u>ps – Norm<u>an</u>die – j<u>am</u>be
- [ ] (ohne Nasal:) parlent – automne – skimboard – donner

Unité 6 – Notre journal

1. Choisis la bonne forme de l'adjectif.

a vieux; **b** belles; **c** nouvelle; **d** vieil; **e** nouveaux; **f** vieille; **g** belle; **h** nouvel; **i** bel; **j** vieille; **k** belle; **l** vieux

2. Les intrus.

A un film; **B** un projet; **C** un facteur; **D** vieux
La phrase (**exemples**): Le vieux facteur a un projet de film.
C'est un film avec un vieux facteur qui a un projet.

3. Conjugue au présent.

dormir: je dors – nous dormons – elles dorment
devoir: elle doit – vous devez – ils doivent

4. Traduis en français.

C'est ton tour. Car j'ai dû jouer du violon.
C'est pourquoi la fête n'a pas lieu.

Unité 7 – On peut toujours rêver!

1. Traduis.

- **a** Ludovic will fechten / zum Fechten gehen.
- **b** Unsere Pferde stehen/sind bei einem Nachbar, auf dem Land.
- **c** Mach dir keine Sorgen, ich bin deiner Meinung!
- **d** Mir ist ein sehr guter Pfannkuchen gelungen.

2. Mélange de lettres.

le parachutisme – la corde molle – le trampoline – le parkour – le saut à l'élastique – le cirque – l'escrime – jongler

3. Traduis.

- **a** Il nous faut une solution sérieuse.
- **b** Vous avez réussi à faire du trampoline?
- **c** Mon rêve, c'est de faire du parachutisme.
- **d** Est-ce que tu as réussi ton projet de film?

Annotations

A